AF339893

Babinski

RAPPORT

SUR UNE VISITE AUX

LAVRAS DIAMANTINAS

GISEMENTS DE DIAMANT ET DE CARBON

DE

LENÇOES, PALMEIRAS, SAN-ANTONIO CHIQUE-CHIQUE & MAR D'HESPANHA

ÉTAT DE BAHIA (Brésil)

PAR

Henri BABINSKI

Ingénieur civil des Mines

PARIS

IMPRIMERIE ET LIBRAIRIE CENTRALES DES CHEMINS DE FER

IMPRIMERIE CHAIX

SOCIÉTÉ ANONYME AU CAPITAL DE CINQ MILLIONS

Rue Bergère, 20

1897

RAPPORT

SUR UNE VISITE AUX

LAVRAS DIAMANTINAS

GISEMENTS DE DIAMANT ET DE CARBON

DE

LENÇOES, PALMEIRAS, SAN-ANTONIO, CHIQUE-CHIQUE & MAR D'HESPANHA

ÉTAT DE BAHIA (Brésil)

PAR

HENRI BABINSKI

Ingénieur civil des Mines.

PARIS
IMPRIMERIE ET LIBRAIRIE CENTRALES DES CHEMINS DE FER
IMPRIMERIE CHAIX
SOCIÉTÉ ANONYME AU CAPITAL DE CINQ MILLIONS
Rue Bergère, 20
1897

Paris, 170 bis, Boulevard Haussmann.
Le 26 Octobre 1896.

**Messieurs le Baron Robert Oppenheim
et Henri Samuel.**

MESSIEURS,

Vous m'avez fait l'honneur de me charger de visiter les gise-
ments diamantifères de l'État de Bahia, au Brésil, qui devaient
m'être désignés sur place par M. de Mot. Je viens vous rendre
compte de ma mission.

L'étude complète des terrains si étendus et si intéressants que
j'ai eu à parcourir aurait exigé un temps considérable et des
travaux qui n'entraient pas dans le programme que vous m'avez
tracé. La durée limitée de mon mandat ne me permettant pas de
m'arrêter aux détails, j'ai dû me borner à une inspection générale,
de façon à me faire une opinion sur l'ensemble de l'affaire; c'est
dans cet esprit que ma visite a été faite.

Veuillez, Messieurs, agréer l'assurance de mes sentiments
distingués et dévoués.

H. BABINSKI.

TABLE DES MATIÈRES

RAPPORT

SUR UNE VISITE AUX

LAVRAS DIAMANTINAS

PAR

HENRI BABINSKI
Ingénieur en Mines.

I. — Quelques mots sur la répartition des gisements diamantifères au Brésil.

La découverte des diamants au Brésil remonte à la première moitié du XVIIIe siècle. On le trouve dans les États de Minas-Geraes, Bahia, Goyaz, Matto Grosso, Paraná et San Paulo, sur une étendue immense comprise entre les 12e et 26e degrés de latitude sud, les 38e et 58e degrés de longitude ouest, mais ce n'est guère que dans les États de Minas-Geraes et de Bahia qu'il a été exploité d'une façon réellement importante. Les principaux centres diamantifères de l'État de Minas-Geraes sont ceux de Cocaes, Diamantina, Gram-Mogol, Bagagem et Abaeté; ceux de l'État de Bahia sont Canavieiras, découvert il y a une quinzaine d'années, et le bassin des Lavras Diamantinas découvert en 1844, et où se trouvent les gisements que j'ai visités.

II. — Législation des gisements diamantifères au Brésil (I).

En vertu des lois en vigueur aujourd'hui au Brésil, tous les gisements diamantifères appartiennent à l'État. Les terrains diamantifères sont partagés en lots par les soins d'une administration spéciale dépendant du Ministère des Finances, et le droit d'exploiter le diamant dans chacun de ces lots est mis en adjudication publique.

Le propriétaire du sol a cependant un droit de préférence et peut prendre la concession aux prix minima indiqués par la loi, et qui sont par mètre carré de 2 reis (2) pour un terrain vierge, et 1 r. pour un terrain anciennement exploité. Si le propriétaire du sol ne réclame pas la concession, on la donne à celui qui fait la plus forte surenchère.

Un lot ne peut avoir moins de 29.010 mètres carrés, ni plus de 484.000 mètres carrés, et aucun particulier ne peut, aux termes de la loi, posséder plus de deux lots.

La durée des concessions aux particuliers ne peut être inférieure à un an ni excéder dix ans.

Les Compagnies doivent être préférées aux simples particuliers pour les exploitations difficiles. La durée des concessions qui leur sont faites peut être portée à quinze ans, et la surface concédée peut atteindre en ce cas 43.560.000 mètres carrés ; mais si la concession n'est prise que pour trois ans, on ne peut obtenir que le quart de cette surface.

Les concessions sont renouvelables. Quel que soit le prix auquel une Compagnie a acquis une concession, elle doit payer en plus 2.000 reis par an et par tête de travailleur employé à ses travaux.

---

(1) *Traité de la législation des mines au Brésil*, par F.-J. Ferreira. Rio-de-Janeiro, 1884.

(2) 1.000 reis argent valent 2 fr. 60 c. Pendant mon séjour au Brésil, le milreis papier, le seul en usage du reste, valait moins de 1 franc.

On délivre en outre, moyennant une redevance annuelle de 2.000 reis, des permis de recherche aux travailleurs isolés. Ces permis, qui donnent aux titulaires le droit de disposer du produit de leurs recherches, ne portent naturellement que sur des terrains non concédés.

Celui qui découvre un gisement a le droit de réclamer une concession de 50 mètres carrés, au prix minimum.

Les droits de sortie sont fixés par les décrets en vigueur aujourd'hui à 7 0/0, sur une valeur fictive de 120.000 reis par gramme, c'est-à-dire à 8.400 reis par gramme de diamant exporté.

III. — Situation des gites visités (1). — Moyens d'accès. Frais de transport.

Le bassin diamantifère des Lavras Diamantinas, dans lequel sont compris les gites que j'ai visités, est situé dans la province de Bahia, entre les 12e et 13e degrés de latitude sud, les 42° et 45° degrés de longitude ouest de Paris. Son centre est la ville de Lençoes. Ce bassin appartenait tout entier autrefois à un seul département, qui portait du reste le même nom ; ce département a été récemment subdivisé en deux : celui des Lavras Diamantinas proprement dit, dont le chef-lieu est Lençoes, et celui de San João de Paraguassú, dont le chef-lieu est la ville de San Isabel. Les gisements de Lençoes, Palmeiras et San-Antonio sont dans le département des Lavras Diamantinas ; ceux de Chique-Chique et Mar d'Hespanha, dans celui de San João de Paraguassú.

Pour se rendre de Bahia aux Lavras, on a successivement à sa disposition trois moyens de locomotion : un bateau, un chemin de fer et des mules. Trois fois par semaine, un bateau à vapeur, appartenant à la Compagnie du Lloyd brésilien, fait le service de Bahia à

---

(1) Voir la carte annexée au présent rapport, page 41 ; cette carte a été dressée par M. de Met, qui en a tout le mérite et la responsabilité.

Cachoeira en six heures, dont deux dans la baie de Bahia, et quatre sur le Rio Paraguassú.

A Cachoeira, on traverse le Rio Paraguassú en canot, et l'on se trouve à San Felix, station de départ du « Brazilian Central Bahia Railway », chemin de fer à voie étroite, dont les trains, en correspondance avec le bateau, franchissent 260 kilomètres environ en douze heures, et s'arrêtent à Bandeira de Mello, point terminus du tronçon principal de la ligne. De Bandeira de Mello à Lençoes, on a à faire une vingtaine de lieues brésiliennes de 6^k,666 chacune, c'est-à-dire 133 kilomètres environ. Cette dernière partie du voyage se fait généralement à dos de mulet, en trois jours, avec arrêts à Macaco Secco, à huit lieues et demie de Bandeira de Mello et à Andarahy, à cinq lieues de Lençoes. Le chemin est relativement passable, et le voyage se fait aisément lorsque le niveau des eaux permet le passage à gué des rivières sans difficulté.

Lençoes est une petite ville de 3.000 habitants environ. Tout le monde y est plus ou moins chercheur, exploitant, acheteur, vendeur, ou tailleur de diamants.

Un projet de chemin de fer de Bandeira de Mello à Lençoes a été étudié et sera peut-être mis un jour à exécution. En attendant, une ligne télégraphique doit, paraît-il, relier prochainement Lençoes à Bandeira de Mello et par conséquent à Bahia. Enfin, le Gouvernement doit adjuger prochainement la construction d'un pont sur le Rio Una, qu'il est bien difficile de traverser à gué dès qu'il a plu quelques jours. En résumé, l'accès des Lavras est facile quand les eaux sont basses, et il y aurait relativement peu de chose à faire pour le rendre commode pendant toute l'année.

Le prix moyen des transports de Bahia aux Lavras est aujourd'hui de 250 francs environ par tonne.

IV. — Orographie, Climatologie, Géologie de la région.

Au point de vue orographique, la région des Lavras Diamantinas se compose d'une série de collines et de vallées d'érosion plus ou

moins parallèles, dirigées transversalement à la direction générale N.-S.
de la chaîne des Serras de Lavras Diamantinas, qui domine la
contrée.

Elle est baignée par le Rio Paraguassú et par ses nombreux
affluents, dont les principaux sont sur la rive droite : le Rio Una, le
Rio Piaba et le Rio Macugé; sur la rive gauche : le Rio Grande, qui
prend sur une partie de son parcours le nom de Rio Preto, et sur une
autre celui de Rio San-Antonio; ce dernier a lui-même de nombreux
affluents, parmi lesquels je citerai le Rio San José.

Au point de vue climatologique, l'État de Bahia appartient à la zone
tropicale qui est caractérisée par deux saisons : l'été, saison sèche, et
l'hiver, saison des pluies. La température y est toujours assez élevée
(26° C. en moyenne), moins cependant pendant la saison des pluies
que pendant la saison sèche; mais pendant cette dernière, si les jour-
nées sont chaudes, les nuits et les premières heures de la matinée
sont relativement fraîches.

Aux Lavras, la saison sèche dure généralement du mois de juin
au mois d'octobre, du mois de décembre au mois de janvier. Il pleut
plus ou moins le reste du temps, et souvent sans interruption pendant
quinze jours et même davantage.

Le climat des Lavras, généralement assez sain pendant la saison
sèche, est fiévreux le reste du temps.

La géologie de la contrée est très simple, au moins dans ses
grandes lignes. Tout le pays que j'ai traversé depuis le Rio Una, où
l'on trouve du calcaire, jusqu'à 10 kilomètres au N.-O. de Palmeiras où
l'on retrouve le calcaire et où l'on rencontre du salpêtre, est en effet
recouvert d'un véritable manteau de grès dont l'âge est difficile à
déterminer, vu l'absence des fossiles, mais qui correspond probablement à la formation carbonifère ou dévonienne du bassin du Paraná.
Ce grès, généralement à grains fins, d'une texture schisteuse, passe par
place à du grès à gros grains et est recouvert en certains endroits par
des conglomérats à gros éléments roulés se présentant souvent sous
forme de blocs éboulés provenant très probablement des plateaux
élevés de la Chapada Velha. Contrairement à ce qui a lieu dans
d'autres centres diamantifères du Brésil et notamment dans ceux de
l'État de Minas-Geraes, les roches micacées sont très rares aux Lavras.

Notons en passant que les conglomérats dont nous avons parlé plus haut présentent fréquemment une face unie aussi nette qu'une section plane, et d'autres fois une surface creusée de cuvettes circulaires juxtaposées, que les grès sont généralement plus ou moins dentelés, tous faits qui indiquent un travail énergique des eaux.

Ce travail des eaux est également attesté, et d'une façon beaucoup plus grandiose, par d'énormes grottes creusées dans la roche et qui s'étendent sur des kilomètres de longueur.

C'est dans cette formation géologique de roches essentiellement siliceuses, dans lesquelles on rencontre par places des parties argileuses, que se trouvent les gisements diamantifères que nous allons étudier maintenant avec quelques détails.

V. — Nature du minerai diamantifère. — Les satellites du diamant. — Variétés de diamant rencontrées aux Lavras Diamantinas. — Importance de l'existence du carbon. Classification des gisements.

Le minerai diamantifère des Lavras est un minerai d'alluvions. Il porte dans le pays le nom de « cascalho ». C'est un mélange de sable, de gravier et de pierres roulées, le tout quelquefois meuble, quelquefois plus ou moins agglutiné par de l'argile, formant parfois même un véritable conglomérat et qui contient, en même temps que le diamant, toute une série de minéraux que l'on désigne en bloc sous le nom de « formaçoes » (formations). Ces formations sont de véritables satellites du diamant, et le cascalho est généralement d'autant plus diamantifère qu'il renferme plus de formations. Les plus caractéristiques sont la tourmaline, différentes variétés de quartz, des oxydes de fer, du fer titané, du rutile, des phosphates divers, de l'or natif. On trouve aussi par places de la pyrite de fer, du grenat, etc.

J'ai rapporté avec moi une collection assez complète des principales formations que j'ai rencontrées dans les gisements que j'ai visités aux Lavras; je n'ai pas encore eu le temps de les déterminer

toutes minéralogiquement, et je me bornerai à en dresser ici une liste
en les désignant par les noms qui leur sont donnés dans le pays. La
voici : « feijão preto » (haricot noir), « feijão chitado » (haricot mar-
bré), « feijão simillante el carbonate » (haricot ressemblant au carbon),
« pingo d'agoa » (goutte d'eau), « ovo de pombo » (œuf de pigeon),
« favas » (fèves), « canga », « osso de cavallo » (os de cheval), « figado
de kagado » (foie de tortue), « tauá », « caboclo » (couleur d'Indien),
« pedra de Santa-Anna », « ferragem de cobre », « palmo ruivo »
(sable rouge), « palmo preto » (sable noir), « malacaixita », « captivo »,
« pipoca ».

Avant de passer à la description des différents gisements diamantifères, disons un mot des variétés de diamants que l'on rencontre aux
Lavras.

Ces diamants sont généralement plutôt petits; ainsi, les diamants
de six à sept carats (1) sont déjà relativement rares, mais en revanche,
ils sont souvent d'une très belle eau. Ils sont parfois recouverts d'une
pellicule colorée qui s'en va au feu. Quand ils sont très blancs, les
diamants des Lavras valent, à poids égal, 30 0/0 de plus que les plus
beaux diamants du Cap. En dehors des diamants blancs et sans parler
des curiosités minéralogiques, telles que diamants avec stries, saillies,
impressions, cavités et inclusions, non plus que des diamants de rebut
chargés de crapauds, on trouve aux Lavras des diamants plus ou moins
colorés. C'est généralement un défaut; mais lorsque exceptionnellement la teinte est nette et vive, les pierres atteignent des prix considérables; C'est ainsi que j'ai vu de très beaux diamants provenant des
Lavras magnifiquement teintés en rouge, jaune, vert, bleu, noir, qui
s'étaient vendus cinq ou six fois plus cher que s'ils avaient été simplement blancs.

Les petits diamants à arêtes vives, connus sous le nom de
« vitriers » se rencontrent assez fréquemment aux Lavras. On y trouve
aussi le Boort ou diamant concrétionné qui se présente sous la forme
de sphéroïdes rugueux, translucides, à structure cristalline, d'une
couleur blanc grisâtre et qui est employé dans la taille du diamant.

---

(1) Un carat représente 0 gr. 205.

Enfin, et je dois insister un peu sur ce point, c'est presque exclusivement aux Lavras que l'on rencontre, jusqu'à présent du moins, le carbon, qui se présente sous la forme de petites masses irrégulières, d'un éclat résineux, d'une couleur variant du gris au noir brun, à surface quelquefois terne, quelquefois plus ou moins luisante. Le poids de ces carbons atteint souvent plusieurs carats, j'en ai vu qui pesaient plusieurs octaves (1), le plus gros de tous, qui a été trouvé aux Lavras en 1895, à la surface même du sol (2) et dont un moulage existe dans les collections du Museum d'Histoire naturelle de Paris, atteignait 3.167 carats 1/2. Pendant longtemps, le carbon est resté sans usage et on le considérait simplement aux Lavras comme une formation. Mais depuis que la dureté extraordinaire de cette variété de diamant, dureté qui dépasse de beaucoup celle du diamant ordinaire et même celle du boort, fut connue et qu'on a songé à l'utiliser dans des appareils de perforation, le carbon prit de la valeur, et son prix, de 0 fr. 25 c. le carat, au début, est monté à 40 francs, puis à 100 francs, et je sais de bonne source qu'il y a peu de temps, on a été jusqu'à payer 200 francs le carat des carbons de 2 carats.

Or, si l'on a signalé l'existence du carbon à Bornéo, on n'en a jamais rencontré ni aux Indes ni au Cap et c'est en somme le Brésil qui fournit tout le carbon qui se consomme aujourd'hui. Il existe, paraît-il, dans le district de Tessa-Branca (Etat de Minas-Geraes), mais en réalité, le carbon expédié du Brésil vient de Bahia, où on le reçoit des Lavras Diamantinas. L'importance de ce fait est incontestable au point de vue de la valeur des gisements situés dans les Lavras.

Donnons maintenant quelques détails sur les gisements.

Le cascalho se rencontre, soit dans les lits des rivières, soit sur les collines, à différentes hauteurs, soit enfin dans des grottes, d'où une première classification toute naturelle des gisements diamantifères en gisements de rivières, gisements de collines et gisements de grottes. Examinons d'un peu plus près chacun de ces groupes.

---

(1) 1 octave égale 17,5 carats.

(2) Il est à noter que le carbon se trouve assez fréquemment à la surface du sol, tandis que la chose est rare pour le diamant. Cela s'explique par ce fait que le diamant, très lisse, a toujours une tendance à filtrer à travers le sable, ce qui n'a pas lieu pour le carbon, dont la surface est toujours plus ou moins rugueuse.

Dans les rivières le cascalho se rencontre à des profondeurs au-dessous du fond de l'eau variant depuis quelques centimètres jusqu'à 20 mètres et davantage. Il est généralement recouvert par une couche de roches roulées, au-dessus de laquelle se trouvent des sables stériles. Parfois les roches roulées font défaut, parfois le sable manque, il est rare que le cascalho affleure directement au fond de l'eau. On trouve quelquefois plusieurs couches de cascalho superposées et séparées elles-mêmes les unes des autres par des roches roulées et par du sable. La couche la plus profonde repose sur la roche du fond que l'on appelle au Brésil « pisarra » quelle que soit du reste sa nature. Le cascalho n'est presque jamais uniformément réparti sur le lit; il affecte le plus souvent une disposition en chapelet. La richesse est également très variable d'un point à un autre.

Les parties situées dans l'axe même du lit de la rivière, qui constitue une ligne de niveau profond s'appellent « veios ». On trouve parfois dans le lit des rivières des parties profondes formant de véritables puits « posos » dans lesquels le cascalho est accumulé. On rencontre aussi quelquefois de véritables cuvettes creusées dans la pisarra. Ce sont des points d'enrichissement naturel. On leur donne dans le pays le nom de « caldeirões » (chaudières). Certains caldeiroes ont donné jusqu'à 5 0/0 de leur volume en diamants. Enfin, au confluent des rivières les gisements s'épanouissent généralement et prennent alors plus particulièrement le nom de « bacias » (bassins).

Les gisements de collines peuvent être subdivisés en quatre groupes principaux : les « grupiarrias », les « servicios de moro », le « cascalhão » et le « gorgulho ».

Les *grupiarras* sont des gisements de cascalho situés plus particulièrement dans les parties basses des collines. Ils se trouvent généralement à fleur du sol. Le cascalho des grupiarras ne renferme jamais de gros blocs de roches et sa puissance varie le plus souvent de 0^{m}10 à 1 mètre.

Les gisements de « barranco » ou servicios de morro, sont des gisements de cascalho en couches généralement puissantes, recouvertes de terres argileuses plus ou moins rouges, atteignant en certains endroits 30 mètres de hauteur.

Les gisements de cascalhão sont constitués par du cascalho existant

avec des épaisseurs variables entre de gros blocs de roches et plus
particulièrement des blocs de conglomérats. J'ai examiné bien des fois
ces blocs et je dois reconnaître que je n'y ai jamais vu de diamants
à l'œil nu, mais de vieux mineurs du pays, que j'ai interrogés à cet
égard, m'ont affirmé y avoir vu parfois des formations et même des
diamants. Ces blocs pourrissent sur place, et les produits de leur dé-
composition, transportés par les eaux, vont remplir les intervalles existant entre les blocs restés solides. Je serais assez porté à croire, je le
dis ici en passant, et sans pouvoir, du moins pour le moment, donner
de ce que j'avance de preuve matérielle, qu'aux Lavras, le conglomérat est la matrice du diamant. Ce conglomérat est-il le gîte primitif
de formation, et le diamant se trouve-t-il *in situ* amené par les veines
quartzeuses dont on constate la présence dans la roche, ou n'est-il
qu'un gîte de premier remaniement ? je n'oserais pas me prononcer
encore sur la question. Des études microscopiques, que je me propose
d'entreprendre, la résoudront peut-être ; je dois, pour aujourd'hui, me
borner à la signaler.

Le gorgulho ou uru n'est pas du cascalho proprement dit ; c'est un
mélange de terre et de gravier ; on le rencontre généralement sur les
parties hautes des collines.

Je mentionnerai encore, pour être complet, dans la classe des
gisements de collines, *le cascalho de rapa* qui est très superficiel, se
rencontre sur les flancs des collines, et n'a généralement pas plus de
0^m,20 de puissance ; enfin les gisements de *cascalho de mocororo*, dont
la puissance oscille ordinairement autour de 0^m,50. On trouve ce cascalho sous le cascalhão et sous les grupiarras ; il est généralement riche.

La troisième classe de gisements est celle des **gisements en grottes**.
Ces grottes, qui s'étendent parfois sur des kilomètres de longueur et
qui présentent quelquefois des épanouissements de plusieurs milliers
de mètres cubes de volume, ont souvent donné passage et donnent
même encore passage aujourd'hui à des cours d'eau roulant du cascalho qui s'y est déposé. Ces gisements, généralement très irréguliers,
renferment assez souvent des parties riches, des caldeirões, et, bien
que leur exploitation soit souvent difficile, elle est fréquemment très
rémunératrice.

VI. — Concessions et propriétés visitées (1).

Lençoes. — Les concessions et les propriétés que j'ai eu à visiter aux environs immédiats de Lençoes comprennent :

1° Les concessions du Rio Lapão, appartenant à la Compagnie d'exploration de Mar d'Hespañha, Société brésilienne fondée en 1891, au capital de 100 contos, c'est-à-dire cent millions de reis ;

2° Les concessions du Lapão, appartenant au colonel Phelisberto do Sa, sénateur de l'État de Bahia ;

3° La propriété de Barro Branco, appartenant à M. Alto Barboso.

Les concessions du Rio Lapão s'étendent sur le Rio Lapão, affluent du Rio San José ; elles ont une surface de 8 hectares, 7120. Elles sont reliées à la ville de Lençoes par un très mauvais chemin muletier de 2 kilomètres de longueur environ. La Société d'exploration à laquelle elles appartiennent a fait exécuter un petit barrage et un canal de dérivation et a fait creuser pendant une saison d'été, dans le lit de la rivière plus ou moins asséché, deux « catas » (trous) qui ont, paraît-il, donné de très beaux résultats (2) ; mais les travaux préparatoires étaient insuffisants. On n'avait pas assuré un écoulement convenable aux eaux; on manquait de bonnes pompes, et les catas ont été envahies par les eaux aux premières pluies, puis comblées par les apports d'amont. Il y a aussi du cascalho sur les bords de la rivière, il s'en trouve également dans des grottes dont on voit des entrées dans le lit de la rivière et notamment sur la rive gauche; mais tout cela paraît n'avoir été que gratté, travaillé sans méthode, plus ou moins gaspillé par des « garimpeiros » (orpailleurs du diamant).

Il m'a été impossible d'obtenir les comptes détaillés de la Compagnie. Tout ce que je sais, c'est que les actionnaires n'ont jamais

---

(1) Les surfaces des concessions et des propriétés mentionnées dans ce rapport m'ont été fournies par M. de Mot, d'après les titres que je n'ai pas eu à examiner, aux termes de mon mandat.

(2) 100 octaves 1/2 de diamant et de carbon, d'après un rapport du directeur des travaux.

versé que le tiers du montant de leurs actions et que la Compagnie se borne aujourd'hui à donner à des garimpeiros l'autorisation de travailler le terrain à leur façon, moyennant une redevance de 20 0/0 sur la production.

Il existe encore sur les concessions quelques cabanes et une vieille chaudière à vapeur, le tout sans aucune valeur, du reste.

Quoi qu'il en soit, l'existence du diamant est parfaitement reconnue sur les concessions, et il me parait probable qu'il y aurait eu des résultats si les travaux avaient été convenablement menés.

Le premier travail à faire consisterait à creuser dans le lit de la rivière et à travers les blocs éboulés de roches qui l'obstruent un canal d'écoulement. « rebache ». On pourrait ensuite explorer et exploiter tant le lit de la rivière que les grottes, et, cela fait, les concessions du Rio Lapão se trouvant au point le plus bas des concessions des environs de Lençoes qui nous intéressent, le canal d'écoulement servirait finalement à l'écoulement des « tailings » provenant des parties d'amont.

Les concessions du Lapão, situées à 2 kilomètres au nord-est de celles du Rio Lapão, ont une surface totale de 10 hectares environ. Elles contiennent des gisements de collines peu travaillés, faute d'eau que l'on peut cependant s'y procurer en quantité suffisante, au moins en hiver, et une grotte, ou pour mieux dire un réseau de grottes renfermant du cascalho, dont l'une, plus particulièrement connue sous le nom de grotte du Lapão, présente en certains endroits des dimensions gigantesques. C'est très probablement de cette grotte que provient tout le cascalho d'aval et notamment celui des concessions du Rio Lapão. Ces grottes ont été et sont encore travaillées par des garimpeiros, mais elles contiennent très probablement de nombreuses parties complètement vierges.

Les lavages qui ont été faits devant moi à la battée sur du cascalho extrait dans différents points des concessions du Lapão ont généralement donné des résultats favorables.

La propriété de Barro Branco est située à 1.500 mètres au nord de la ville de Lençoes et à une altitude de 200 mètres environ au-dessus de celle de la ville. Elle comprend une surface de 1.250 hectares et une partie des concessions du Lapão est sur son territoire. Une grande partie de la propriété contient du cascalho, et j'ai connaissance de

nombreux trous qui y ont été creusés et ont donné du diamant.
Elle est inexploitée, et sauf la partie comprise dans les concessions du
Lapão, elle n'est pas concédée, mais en s'assurant la propriété du sol,
on s'assure, d'après la loi brésilienne, un droit de préférence pour
l'obtention de la concession des gîtes qu'il renferme.

La propriété de Barro Branco, très bien située, jouissant, grâce à
son altitude, d'un climat très sain, renferme une grande maison d'habitation très bien construite avec dépendances, des jardins, des ver-
gers, des pâturages et des bois.

L'ensemble des propriétés et des concessions que je viens d'énu-
mérer constitue certainement un tout qui mérite qu'on s'en occupe.
Il présente cependant, au point de vue d'une exploitation future,
l'inconvénient de n'être pas d'un seul tenant. Aussi ai-je engagé
M. de Mot à s'assurer la concession des terrains intercalés, aujour-
d'hui non concédés, mais qui seraient certainement pris et que l'on
ferait plus tard payer très cher à une Compagnie qui viendrait s'installer. M. de Mot s'est aussitôt rendu à mes arguments et la demande
en concession est faite.

Les concessions de Palmeiras et de San Antonio appartiennent à
la Compagnie minéralogique diamantifère, Société brésilienne consti-
tuée en 1891, au capital de 500 contos de reis.

La concession de Palmeiras se trouve dans le département des
Lavras Diamantinas, à 5 lieues environ, soit 33 kilomètres, de la ville
de Lençoes. De Lençoes à San João, village qui se trouve sur le chemin, le terrain se compose exclusivement de grès schisteux ; puis,
au delà de San João, ce sont surtout des sables plus ou plus argileux.
La concession comprend environ 20 kilomètres du cours du Rio
Grande sur une largeur de 1.100 mètres de chaque côté, à compter
à partir du milieu du fleuve, soit une largeur totale de 2.200 mètres.
Sa surface est de 4.352h,4765 mètres carrés, en déduisant une petite
concession intercalée de 35.235 mètres carrés appartenant à un homme
du pays, M. Balbino de Oliveira Neves, qui s'y est enrichi et l'exploite encore, ainsi que le territoire du village de Palmeiras, enclavé
dans la concession et qui renferme 1.500 habitants.

Le lit de la rivière est presque vierge, et je n'ai vu nulle part,
au moins dans la partie nord que j'ai plus particulièrement parcourue,

d'anciens travaux importants. Les berges ont été travaillées et elles le sont encore par des garimpeiros, et j'ai vu, dans de nombreux trous, le cascalho présentant une puissance supérieure à 2 mètres sous un déblai de 3 à 4 mètres. On y rencontre souvent, au-dessous de la couche de cascalho et entre ce dernier et la pisarra, une couche d'argile blanche parfois diamantifère et considérée par les mineurs comme un indice de richesse du cascalho sus-jacent. J'ai également vu, sur la concession de Palmeiras, des relavages de tailings anciens en vue de la recherche du carbon que les premiers exploitants négligeaient, et ces relavages sont très souvent fructueux. J'ai particulièrement remarqué un bassin de 1 kilomètre de largeur sur 2 kilomètres et demi environ de longueur, au confluent du Rio Lagaredinho, du Rio Negro et du Rio Grande, où la couche de cascalho existe partout.

Plusieurs essais de lavage exécutés devant moi en différents points situés aux environs du village de Palmeiras ont donné du diamant et du carbon.

La Société concessionnaire se borne à donner des licences d'exploitation à des garimpeiros qui travaillent les berges moyennant une redevance de 25 0/0 sur les produits bruts ; cependant, une exploitation méthodique de la concession serait assez facile, et le premier travail important à faire consisterait comme presque partout, à assurer l'écoulement des eaux et des tailings de la partie d'amont avant d'entreprendre l'exploitation du lit de la rivière et à amener de l'eau dans les parties les plus élevées pour permettre d'attaquer en grand les berges.

La surface de la concession est considérable ; la plus grande partie est vierge et, si j'en juge par ce que j'ai vu, la richesse est grande ; il y a là du travail pour un grand nombre d'années.

Je signalerai enfin en terminant l'existence, en dehors de la concession, mais à 2 lieues à peine du village, de très bons bois pouvant suffire à tous les besoins, et pour donner une idée du prix auquel on peut se le procurer, je dirai que des planches de 0ᵐ,30 de largeur sur 3 mètres de longueur et 2ᶜᵐ,5 d'épaisseur se paient 4.000 reis, c'est-à-dire au cours actuel de 0 fr. 85 c. par milreis, 3 fr. 40 c.

J'ai parcouru avec M. de Mot la propriété des Aunanazes située

tout près de Palmeiras, et qui devait faire partie du groupe de
Palmeiras. Les renseignements qui avaient été donnés à M. de Mot
sur cette propriété n'ayant pas été reconnus exacts, nous avons pensé,
M. de Mot et moi, qu'il ne convenait pas de s'en occuper.

Le groupe de San-Antonio comprend des propriétés et des concessions. Les propriétés ont une superficie de 1.200 hectares, les
concessions 13ʰ,2560.

Comme je l'ai déjà fait remarquer, la propriété du sol entraîne
au Brésil un droit de préférence pour l'obtention des concessions.

Le village de San-Antonio, qui se trouve enclos dans le groupe,
sans que son territoire appartienne à la concession, est situé à trois
lieues et demie, soit 23 kilomètres environ de Lençoes et à 5 lieues,
soit 33 kilomètres de Palmeiras. Le chemin muletier qui conduit de
Palmeiras à San-Antonio est passable, celui qui va de San-Antonio à
Lençoes est très mauvais sur 13 kilomètres et bon sur les 10 autres.
En face du village et sur la rive droite du Rio San-Antonio il y a une
maison et des dépendances en bon état appartenant à la propriété. Le
terrain de San-Antonio est très diamantifère. J'ai assisté à plusieurs
lavages qui ont donné des résultats très satisfaisants en diamant et en
carbon. San-Antonio est beaucoup plus étudié et aussi beaucoup plus
exploité que Palmeiras, mais il reste énormément à faire, et l'on peut
affirmer que plus de la moitié des gisements est encore vierge.

On y a exploité le lit de la rivière de San-Antonio sur 1.200 mètres
environ au moyen d'une succession de petits barrages et de canaux de
dérivation, mais l'on a toujours été arrêté par les eaux, et l'on n'a
guère pris que la partie supérieure des gisements de rivière. On y a
exploité et l'on y exploite encore un gisement de barranco très important au lieu dit « Cata funda », des grupiarras et des cascalhão abon-
dants, notamment au lieu dit « Brejão ». J'y ai vu en certains endroits
le cascalho atteindre 10 mètres de puissance.

Ici, comme partout, le premier travail à faire consiste d'une part
à faciliter l'écoulement des eaux et des tailings pour permettre la mise
en exploitation des parties basses et d'autre part, à construire des
canaux d'amenée d'eau pour l'exploitation des parties hautes.

Il existe du reste déjà à San-Antonio plusieurs kilomètres de
canaux, dont une partie au moins peut parfaitement servir encore,

de sorte que l'exploitation future est déjà ainsi quelque peu préparée.

Je n'ai pas pu, à mon grand regret, me procurer les comptes détaillés de la Société propriétaire, qui, du reste, se borne aujourd'hui à faire travailler son terrain par des garimpeiros moyennant une redevance de 25 0/0 sur les produits bruts, mais ce que j'ai vu m'amène à conclure que San-Antonio est encore très riche (1) et qu'une exploitation méthodique, précédée des travaux préparatoires indispensables, donnera de très bons résultats.

Le groupe de Chique-Chique appartenant à M. José Antonio de Carvalho, est situé dans le département de San João de Paraguassú, dans le district d'Andarahy. La ville d'Andarahy (2.000 habitants) se trouve à 33 kilomètres environ au sud de Lençoes et le chemin est très convenable; d'Andarahy au village de Passagem, situé au sud du groupe de Chique-Chique, près du confluent du Rio Paraguassú et du Rio Piaba, il y a environ 3 kilomètres, mais le chemin est assez mauvais. On peut donc dire qu'en tout le groupe de Chique-Chique se trouve à 36 kilomètres au sud de Lençoes.

Ce groupe comprend 1.000 hectares de propriétés et 153ʰ,8952 de concessions.

Par la multiplicité et la richesse des gîtes qu'il renferme et les travaux de canalisation d'eau qu'il contient, c'est le plus important de ceux que j'ai visités.

Il peut être divisé en deux parties : la partie basse et la partie haute.

La zone basse, arrosée par le Rio Paraguassú et le Rio Piaba, est presque vierge et riche. C'est ainsi que dans le Rio Paraguassú, en particulier, un chantier, dont la préparation a coûté 2 contos de reis et qui a été envahi par les eaux au bout d'un seul jour de travail, a donné, dans ce seul jour, pour 4 contos et demi de diamants et de carbon.

En face de Boa-Vista, où se trouve, je le dis entre parenthèses, une bonne maison d'habitation entourée de dépendances et de planta-

---

(1) Je puis citer en particulier le fait suivant : pendant mon séjour, vingt-six garimpeiros, travaillant en différents points de la concession, ont récolté en une semaine 84 carats de diamant et de carbon.

tions, le tout appartenant à la propriété, j'ai vu dans le Paraguassú trois posos successifs qui doivent être certainement des points de concentration du cascalho. Des plongeurs, travaillant sans aucun appareil et ne pouvant par conséquent atteindre que la partie supérieure du gîte, en ont du reste, paraît-il, tiré beaucoup de diamants.

Sur le Rio Piaba, dont le lit lui-même est diamantifère, on voit toute une série d'entrées de grottes dans lesquelles les garimpeiros pénètrent à l'époque des eaux basses et dont ils tirent du cascalho souvent très riche. C'est ainsi que 20 litres de cascalho, tirés et lavés devant moi, ont produit un carbon de 3 grains (1) et trois petits diamants blancs pesant ensemble 2 grains.

L'exploitation de ces grottes et du Rio Piaba lui-même serait facilitée si l'on assurait un bon écoulement aux eaux et aux tailings. Mais, comme ce travail profiterait au moins autant aux propriétaires des terrains de la rive opposée et que l'exploitation du lit de la rivière lui-même pourrait donner, dans la suite, matière à discussions, j'ai engagé M. de Mot à s'assurer la propriété d'une zone sur la rive droite du Rio Piaba, ce qu'il a fait du reste.

De Boa-Vista à l'ancienne ferme située près du confluent du Rio Chique-Chique et du Rio Piaba, se trouvent des gisements de collines qui n'ont été que peu exploités et qu'il sera facile de mettre en valeur dès qu'on aura construit un canal de Bella-Vista à Boa-Vista.

Dans la partie supérieure du groupe de Chique-Chique se trouve à Bella-Vista une bonne maison d'habitation avec dépendances. C'est surtout autour de cette maison que l'exploitation ancienne s'est développée, mais même là il y a encore des parties complètement vierges et d'autres imcomplètement exploitées, à repasser. Je signalerai notamment un gisement de cascalhão et tout un réseau très important de grottes peu explorées et susceptibles de donner des résultats considérables. Une expérience sur 600 litres de cascalho de grottes faite devant moi à la grotte de Bom-Sera a donné 2 carbons pesant ensemble 18 grains et 3 diamants pesant ensemble 5 grains. Cela correspond sûrement à une teneur de plus de 1 franc par litre de cascalho, mais je n'ai pas

______

1 carat = 4 grains.

besoin de dire que l'on est tombé sur un point particulièrement riche.

Une autre expérience, faite également devant moi sur 5 mètres cubes environ de cascalho provenant du gisement de cascalhão dont j'ai parlé plus haut, a donné 1 carbon de 32 grains et 9 beaux diamants blancs pesant ensemble 36 grains, ce qui correspond à une teneur de 360 francs environ par mètre cube ; c'est encore une richesse exceptionnelle qu'il ne faudrait pas prendre pour la richesse moyenne.

En résumé, le groupe de Chique-Chique renferme des gîtes considérables, variés et riches, dont une grande partie est entièrement vierge. Il y a sur le terrain des travaux importants et en particulier de grands travaux de canalisation. L'exploitation a toujours donné des résultats favorables et la production actuelle avec une centaine d'ouvriers, dont une partie travaille en régie et l'autre à redevance, atteint mensuellement, d'après les carnets de vente que m'a montrés le propriétaire, une moyenne de plus de 60.000 francs. Je considère l'affaire de Chique-Chique comme une très bonne affaire.

Disons enfin un mot de **Mar d'Hespañha**. La concession de Mar d'Hespañha est située dans le département de San João do Paragassú, à une douzaine de kilomètres à l'ouest de la ville principale, San Isabel, qui renferme 2.500 habitants. San Isabel se trouve elle-même à 25 kilomètres environ de Chique-Chique, ce qui fait en tout 37 kilomètres environ de Chique-Chique à Mar d'Hespañha, par un chemin muletier assez mauvais.

La concession de Mar d'Hespañha, située sur le Rio Paraguassú, comprend une surface de 5 hectares 3516 mètres carrés. Sur cette surface se trouvent, dans le Rio Paraguassú, deux posos : le poso de Mar d'Hespañha et le poso du Dr Rego, qui ont, dans tout le pays, une renommée légendaire de richesse, mais dont l'exploitation rationnelle exigerait, en travaux préparatoires, une dépense relativement importante. De nombreux petits travaux de dérivation ont été exécutés dans les parties facilement accessibles du lit, et plusieurs groupes de garimpeiros y travaillaient encore lors de ma visite. On a essayé, à diverses reprises, d'exploiter le poso de Mar d'Hespañha, mais les travaux entrepris ont toujours été entravés par l'irruption des eaux. Des plongeurs ont, à plusieurs reprises, raclé la surface du dépôt alors qu'il n'était pas encore recouvert par des sables, et d'après des témoins oculaires, ils recueillaient du diamant chaque fois qu'ils plongeaient. Aujourd'hui, le poso est presque complètement comblé par des sables; des sondages que j'y ai faits en pleine saison sèche, il est vrai, m'ont montré des profondeurs d'eau variant de 1 mètre à $1^m,80$ seulement, sauf dans la partie extrême sud, où se trouve une zone ayant près de 10 mètres de profondeur d'eau.

Le poso du Dr Rego a fait l'objet, en 1849, d'un essai d'exploitation, mais là encore les moyens mis en œuvre étaient absolument insuffisants.

D'après des témoins oculaires, l'eau aurait envahi les travaux le jour même où l'on était arrivé à assécher le chantier, et l'on aurait retiré d'une entrée de grotte partant du fond et se dirigeant vers le poso de Mar d'Hespañha, 385 octaves de diamant en quelques heures de travail! Cela paraît fabuleux.

Faisant la part des exagérations qui accompagnent toujours les légendes, et sans pouvoir donner une évaluation quelconque de ce que l'on pourrait tirer de la concession, je crois cependant, étant donnée la situation des lieux, que l'affaire est intéressante et si je me permettais d'exprimer mon opinion d'une façon familière, je dirais que je considère Mar d'Hespañha comme un billet de loterie ayant de nombreuses chances de gain.

VII. — Méthodes d'exploitation employées.

Je vais passer en revue les principales méthodes d'exploitation employées dans le pays en commençant par les gisements de rivière.

L'exploitation de ces gisements, qui ne peut guère avoir lieu que pendant la saison sèche est très peu développée. On profite le plus souvent d'une circonstance locale favorable, telle que l'existence d'îlots séparant naturellement la rivière en plusieurs branches et permettant de dévier le cours de l'une des branches dans les autres au moyen d'un simple barrage; ce n'est qu'exceptionnellement, que l'on a tenté de dériver à la fois sur une certaine longueur toute une rivière dans

un canal latéral creusé dans ce but. La partie du lit ainsi plus ou
moins asséchée est ensuite fouillée au moyen de houes, les blocs de
roches sont brisés à la masse ou à la poudre et les déblais sont transportés hors du chantier dans des sortes de plats en bois ou en fer
appelés « carumbés » ayant quelques litres de capacité et que les
ouvriers portent sur la tête (les pioches, les pelles et les brouettes
paraissent complètement inconnues dans le pays). Très souvent, les
infiltrations d'eau arrêtent le travail avant que l'on soit parvenu au
niveau du cascalho, car l'appareil d'épuisement le plus communé-
ment employé est un simple baquet d'une dizaine de litres de capacité
avec lequel il est bien difficile de lutter contre une venue d'eau un
peu sérieuse, quelle que puisse être l'agilité des ouvriers. Dans quelques
endroits, on emploie, à la vérité comme outils d'épuisement des pompes
à bras en bois à section carrée, mais le rendement de ces appareils
est assez défectueux, et ils ne donnent guère de meilleurs résultats
que le baquet. Quoi qu'il en soit, lorsque le cascalho est atteint, les
ouvriers le fouillent à la houe et le transportent dans des carumbés
sur la berge, puis le lavent à la battée.

Le travail est toujours interrompu, au moins pendant la nuit, ce
qui fait que chaque matin, on commence par perdre plusieurs heures
à épuiser l'eau accumulée depuis la veille.

Dans certains cas particuliers, comme par exemple dans les posos
et lorsque le cascalho affleure au fond de l'eau, des plongeurs vont
parfois sans aucun appareil remplir de petits sacs de minerai qu'ils
lavent ensuite à la surface; je n'ai pas besoin de dire que ce procédé
n'est pas industriel.

Enfin, j'ai vu sur le rio Paraguassú, à 3 lieues en amont de
Bandeira de Mello, non loin du village de Bebedor, un petit essai
d'exploitation au moyen de scaphandres, dont les pompes à air étaient
mues à bras. Les ouvriers parvenaient à travailler ainsi quatre heures
par jour, moyennant un salaire de 4.000 reis, et dans ces conditions,
lorsqu'on tombait sur du cascalho riche, l'exploitation était rémunératrice.

En résumé, les lits de rivières n'ont pas été exploités industriel-
lement aux Lavras. du moins dans les endroits que j'ai visités, et la
chose se comprend facilement, quand on songe que le plus souvent,

leur mise en valeur nécessite des travaux longs et coûteux, ainsi qu'un outillage qui n'existe pas dans le pays.

Les gisements de collines peuvent, au point de vue de leur exploitation, être divisés en deux groupes : les gisements superficiels ou recouverts de quelques mètres seulement de terres stériles et les gisements profonds, dont le type est le servicio de morro. Ces deux groupes peuvent être subdivisés eux-mêmes en deux catégories, suivant que l'exploitation se fait en petit ou en grand.

L'exploitation en petit des gisements superficiels est naturellement la plus facile de toutes, surtout lorsqu'on a de l'eau sur place, et c'est par elle qu'on a débuté. Si le cascalho affleure à la surface du sol, on le prend et on le lave à la battée tout simplement. S'il se trouve à une certaine profondeur, on commence par faire un trou pour le mettre à nu, et l'on jette les déblais sur les bords. On voit ainsi en parcourant le pays des multitudes de trous séparés par des monticules de déblais sous lesquels se trouvent encore du reste des lambeaux vierges. Cette méthode d'exploitation, si l'on peut donner le nom de méthode au procédé que je viens de décrire, présente de nombreux inconvénients et en particulier celui de gaspiller les gîtes.

L'exploitation en grand des gisements superficiels se fait généralement par une méthode hydraulique. On commence par amener l'eau à la partie supérieure du gîte au moyen de « regos » (canaux); l'eau désagrège le terrain recouvrant le cascalho et le cascalho lui-même, et entraîne les matières désagrégées dans une « corrida » (canal incliné creusé dans le sol). Le long de cette corrida sont disposés des « fervedors » (ressauts) dans lesquels se déposent les parties les plus lourdes comprenant les diamants. Des ouvriers dévient l'eau provenant des regos suivant les besoins de l'exploitation au moyen de petits barrages improvisés; d'autres ouvriers placés dans la corrida en tirent à la main les grosses pierres qui pourraient l'obstruer, et débourbent au besoin à la houe les parties argileuses; d'autres enfin brassent à la houe les parties déposées dans les fervedors de façon à permettre aux parties les plus légères de s'écouler. Le produit enrichi qui se trouve au fond des fervedors s'appelle « esmeril »; on l'extrait lorsqu'il y en a suffisamment, et on le lave à la battée.

J'ai vu en particulier appliquer cette méthode à l'exploitation de cascalhão à Chique-Chique.

Les regos ont parfois 7 à 8 kilomètres de longueur et même davantage, les corridas 100, 200 mètres et plus; leur pente varie avec la disposition du terrain.

On peut dire en thèse générale que les gisements superficiels sont ceux qui ont été le plus exploités, et que l'on n'en trouve guère de vierges aujourd'hui que là où l'on n'a pas encore amené d'eau.

Les gisements profonds, les servicios de morro ne peuvent guère être exploités qu'en grand. On les attaque généralement par la méthode hydraulique que je viens de décrire, et que j'ai vu appliquer notamment à la Cata Funda, dans la concession de San-Antonio.

Les gisements de grottes sont exploités d'une façon absolument rudimentaire. Les ouvriers pénètrent dans les grottes comme ils peuvent. Lorsque la hauteur est suffisante pour leur permettre de marcher, chaque homme va au front de taille, abat du cascalho à la houe, le met dans un sac et le transporte au jour où il le lave à la battée. Lorsque la hauteur est faible — les ouvriers qui travaillent dans les grottes passent par des endroits incroyablement étroits, car 30 centimètres leur suffisent généralement, — les mineurs s'introduisent dans les grottes en rampant l'un à la suite de l'autre, se suivant à se toucher; celui qui est à côté du front de taille en arrache du cascalho comme il peut, en remplit un sac et le passe à son voisin qui fait de même; c'est ainsi que, de main en main, le sac arrive au jour.

En résumé, en dehors du procédé hydraulique, on n'emploie guère aux Lavras de méthode d'exploitation réellement industrielle.

Ajoutons, en terminant, un simple mot sur la taille. Il y a de nombreuses tailleries de diamants dans le pays; elles sont généralement médiocrement installées, et les ouvriers du pays ne connaissent pas le travail, à ce point que les diamants taillés au Brésil ne peuvent guère être vendus que sur place et à des gens qui n'ont jamais vu de diamants taillés en Europe.

IX. — Résultats obtenus. — Conditions économiques.

Il est bien difficile d'avoir des renseignements précis sur la production des Lavras Diamantinas depuis leur découverte en 1844. Bien peu d'exploitants, en effet, tiennent des livres et, du reste, ces livres, s'ils étaient même bien tenus, ne donneraient pas de chiffres correspondant à la production réelle, car les vols sont considérables. On ne trouve guère de renseignements statistiques écrits que dans les registres de la douane, mais les fraudes sur les déclarations en douane se font sur une telle échelle qu'il est absolument impossible d'en tirer des conclusions quelconques. Ceci étant, on ne peut guère donner que des appréciations plus ou moins approximatives. D'après les renseignements que j'ai puisés aux meilleures sources, la production des Lavras aurait atteint au début 200.000 carats par an ; elle serait tombée aujourd'hui à 60 ou 70.000 carats environ. Ce n'est pas que les gîtes ne puissent fournir une production supérieure, mais les conditions économiques de l'exploitation ont considérablement changé depuis cinquante ans ; il faudrait aujourd'hui développer de l'initiative, et les gens du pays en manquent généralement.

Les trois facteurs les plus importants des changements qui se sont produits dans les conditions économiques sont : 1° l'abolition de l'esclavage ; 2° l'épuisement relatif des gisements superficiels faciles à exploiter ; 3° les luttes politiques intérieures qui semblent être aujourd'hui plus fortes que jamais.

Les querelles politiques immobilisent beaucoup de bras, la main-d'œuvre a beaucoup augmenté, le change a baissé, les propriétaires de mines, souvent chefs de partis, ont des dépenses considérables à faire pour maintenir leur influence politique, ils vivent au jour le jour, n'ont presque jamais les fonds nécessaires à l'exécution des travaux préparatoires indispensables à l'exploitation des gisements restés vierges, et se bornent souvent à donner à des travailleurs isolés, leurs partisans, des permis d'exploitation sur leurs terrains moyennant une redevance variant généralement de 20 à 25 0/0 sur les produits bruts.

Il est incontestable que dans ces conditions la production ne peut se relever et que, seule, l'intervention de Compagnies étrangères, complètement en dehors des discussions politiques intérieures et disposant de capitaux suffisants, est capable d'améliorer la situation actuelle. Ajoutons à ce propos que les autorités locales voient d'un très bon œil les étrangers qui viennent pour travailler et que les gens du pays sont très accueillants et très hospitaliers.

Je vais examiner maintenant quelles seraient les améliorations à introduire dans les méthodes d'exploitation actuellement employées, et quel serait le capital espèces nécessaire pour organiser convenablement le travail dans les concessions que j'ai visitées.

IX. — Améliorations à introduire dans l'exploitation.

Nous avons dit que le prix de la main-d'œuvre avait beaucoup augmenté depuis la découverte des Lavras. Pendant toute la durée de l'esclavage, qui a été définitivement aboli au Brésil en 1886, le travail journalier d'un homme ne revenait guère à plus de 150 reis. Aujourd'hui, l'on paie couramment les ouvriers de 1.500 à 2.000 reis par jour; lorsque la demande en augmente un peu, le prix atteint 2.500 à 3.000 reis, et je ne serais pas surpris s'il arrivait à 4.000 reis, dans le cas où une exploitation importante ayant besoin de beaucoup de bras voudrait s'organiser du jour au lendemain. Pour lutter contre cette circonstance défavorable, il faut absolument réduire au minimum la consommation de la main-d'œuvre en lui substituant des machines partout où cela sera possible et d'améliorer l'outillage.

Nous avons vu que l'exploitation du cascalho se fait à la houe. On introduira l'usage de la pelle et de la pioche et les ouvriers du pays prendront rapidement l'habitude de s'en servir, au moins dans les terrains un peu durs. Dans certains cas exceptionnels, on pourra même plus tard, notamment lorsque les transports seront devenus plus faciles, employer pour l'extraction des excavateurs et des dragues; mais c'est là, à la vérité, un projet d'avenir un peu lointain.

Nous avons vu que le transport des terres se fait au moyen de carumbés que les ouvriers portent sur leur tête; il est élémentaire de substituer à ce moyen primitif l'usage de brouettes et de wagonnets roulant sur rails.

Nous avons vu que les épuisements se font au moyen de baquets; on leur substituera de bonnes pompes.

On broie souvent encore les roches à la masse; il faudra généraliser l'usage des explosifs, et à cet égard on emploiera pour les travaux hors de l'eau la poudre qui se fabrique dans le pays et ne coûte que 2.800 reis le kilogramme, réservant l'emploi de la dynamite pour les travaux aquifères.

Les trous de mine seront creusés au moyen de perforatrices mécaniques au lieu d'être creusés à la main.

La grande quantité d'eau dont on dispose et que l'on peut toujours amener là où l'on en a besoin, permettra d'installer des moteurs hydrauliques actionnant des dynamos et l'on pourra ensuite, au moyen de simples fils, transmettre à bon marché aux machines, perforatrices, pompes, appareils de roulage au besoin l'énergie motrice nécessaire.

Les chantiers aquifères ne devront pas être suspendus pendant la nuit de façon à éviter le temps perdu actuellement à chaque reprise du travail. Grâce à l'éclairage électrique, que l'on pourra facilement installer, on sera à même d'organiser un travail permanent partout où cela sera utile.

Toutes les fois que l'on disposera de différences de niveau suffisantes, il faudra substituer à la méthode hydraulique telle que je l'ai décrite, la méthode hydraulique californienne, qui permet de passer des quantités beaucoup plus considérables de matières. On installera dans les corridas des grilles disposées comme les « grizzlies » des « groundsluices » californiens permettant de séparer automatiquement les grosses pierres. On disposera le long des corridas une voie sur laquelle rouleront des wagonnets qui viendront recueillir l'esmeril des fervedors.

Enfin, pour diminuer les frais du lavage final et surtout pour rendre le vol plus difficile, il sera bon de substituer au lavage isolé à la battée presque impossible à surveiller convenablement de petits ateliers clos, dans lesquels le cascalho brut et l'esmeril arriveront en wagonnets et seront traités sous le contrôle d'employés spéciaux, ce traitement devant consister en un débourbage préalable pour le cascalho brut, toutes les fois qu'il sera argileux, suivi d'une classification faite au moyen de cribles à secousse et du triage final du diamant dans les différentes sortes obtenues sur des tables, comme cela se pratique aujourd'hui au Cap. Le « Compound System », appliqué au Cap, et qui consiste à parquer les ouvriers pendant un temps déterminé d'avance dans un enclos communiquant directement avec la mine et sans aucune relation avec l'extérieur, est certainement très efficace pour prévenir les vols; mais il serait difficilement applicable au Brésil où il faudra, je crois, se contenter de faire le lavage final en atelier clos.

En résumé, la formule générale du travail doit être : exploitation méthodique en grand, réduction de la main-d'œuvre au minimum par l'emploi d'appareils mécaniques, enfin, lavage en atelier clos.

En ce qui concerne la taille des diamants, je crois que le mieux sera de ne pas s'en occuper dans le pays et d'envoyer les diamants bruts en Europe.

X. — Projet d'organisation générale de l'affaire. Résultats probables.

Quels résultats peut-on espérer obtenir par une exploitation raisonnée et méthodique des vastes terrains que j'ai visités? Tout dépendra évidemment d'une part du mode d'organisation que l'on adoptera, d'autre part du nombre d'ouvriers que l'on pourra trouver sur place, car, à mon avis, il faut, autant que possible, employer exclusivement les gens du pays pour les travaux d'exploitation, enfin, les résultats dépendront aussi des prix de vente des produits, prix qui sont toujours plus ou moins sujets à variation.

En ce qui concerne le mode d'organisation générale, on pourrait certainement commencer modestement en petit, avec un capital restreint, et n'agrandir l'exploitation qu'au moyen de prélèvements sur les bénéfices, mais je ne crois pas que ce soit là une bonne façon de procéder pour une Société, étant donnés les grands frais généraux inévitables qui grèveraient énormément le prix de revient de l'unité dans le cas d'une faible production. Il me paraît essentiel, précisément au point de vue de réduire au minimum la quote-part des frais généraux, de diriger tous ses efforts pour arriver le plus rapidement possible à une exploitation intensive. Il y a là cependant un écueil à éviter; il ne faudrait pas aller trop vite, car le prix de la main-d'œuvre s'en ressentirait. Beaucoup d'ouvriers habitués à travailler pour leur compte et soutenus par l'espoir de la fortune qui ne leur sourit cependant que rarement aujourd'hui, étant donné que les gîtes faciles à exploiter deviennent de plus en plus rares, ne voudront du reste probablement pas s'embaucher au début, et ce ne sera qu'au bout d'un certain temps, quand ils auront reconnu les avantages d'un salaire fixe, qu'ils viendront à la Compagnie. Il faut également tenir compte de l'influence des acheteurs de diamant du pays qui sont nombreux et qui auront une tendance toute naturelle à pousser les garimpeiros à continuer à travailler pour leur compte, de façon à conserver leurs clients et continuer leur fructueux commerce. J'estime qu'il faudra au moins un an, peut-être davantage, à partir du moment où l'on aura commencé les travaux, pour arriver au résultat désiré, et je crois qu'au bout de ce temps on pourra avoir 200 à 300 ouvriers convenables, se contentant d'un salaire journalier moyen de 3.000 reis. D'ici là, les travaux préparatoires pour commencer l'exploitation en grand pourront être exécutés.

Voyons maintenant quelle production on peut légitimement espérer avoir dans l'ensemble des propriétés et des concessions dont nous nous sommes occupé lorsqu'on sera sorti de la période préliminaire. Il est bien difficile de chiffrer à l'avance la production probable pour chacun des groupes en particulier, je n'ai guère en effet d'éléments d'appréciation un peu précis à cet égard que pour le groupe de Chique-Chique. Aussi vais-je établir le chiffre de la production probable future de l'ensemble en bloc en partant de la production actuelle de Chique-Chique. Chique-Chique ne représente certainement pas le tiers de l'ensemble, l'exploitation du tout doit être beaucoup plus intensive que ne l'est aujourd'hui celle de Chique-Chique, et par conséquent,

je crois que l'on peut légitimement admettre comme production future
probable minima le triple de la production actuelle de Chique-Chique.
Nous avons vu que, d'après les carnets du propriétaire, la production
actuelle vaut 60.000 francs par mois en moyenne. Cette production
est vendue à Bahia. A Bahia, le carat de tout-venant des Lavras vaut
aujourd'hui 40 francs environ; cela correspond à une production men-
suelle de 1.500 carats.

J'estime que l'ensemble des cinq groupes de concessions et de
propriétés qui ont fait l'objet de ma visite arrivera à produira au moins
trois fois plus, soit 4.500 carats par mois, et, comme le carat de tout-
venant des Lavras qui se paie actuellement à Bahia 40 francs vaut
45 francs en Europe, la valeur de la production probable de 4.500 carats
par mois sera de 202.500 fr. ce qui correspond à une production annuelle
de 54.000 carats représentant aux cours actuels 2.430.000 francs.

Examinons maintenant quelles seraient les dépenses annuelles, de
façon à pouvoir évaluer enfin les bénéfices probables et d'abord, étu-
dions de plus près l'organisation générale de l'affaire.

Etant données les distances qui séparent les cinq groupes de
concessions et de propriétés de Lençoes, Palmeiras, San Antonio,
Chique-Chique et Mar d'Hespañha la création de cinq services distincts,
ayant chacun à sa tête un chef, me paraît indispensable. Tous ces
chefs de service seraient du reste placés sous les ordres d'un directeur
technique résidant sur les lieux, au centre des opérations, par exemple
dans la propriété de Barro Branco, où le climat est excellent, où se
trouvent une maison très convenable et des dépendances dans lesquelles
on pourrait facilement organiser les éléments matériels d'une existence confortable.

Il serait bon, à mon avis, de choisir les chefs de service parmi les
gens du pays ayant déjà conduit des chantiers; on en trouvera sur
place, et l'on y gagnera d'avoir des hommes connaissant le terrain,
habitués au genre de vie du pays, connaissant les ouvriers, et plus
capables de les recruter facilement que qui que ce soit.

A côté du directeur, il faudrait un ingénieur mécanicien au courant des travaux hydrauliques et des applications industrielles d'élec-
tricité, lequel pourrait, au besoin, suppléer le directeur en cas d'absence.

Il faudrait également, à côté du directeur, un homme du pays ayant déjà dirigé des exploitations relativement importantes, et dont le rôle serait d'inspecter constamment les travaux et de servir d'intermédiaire entre les chefs de service et le directeur.

Il faudrait également, au siège de la direction, un service de comptabilité et de caisse, et aussi un service de topographie, dont le rôle serait de dresser les plans détaillés et exacts des terrains, et d'y repérer tout ce qui est de nature à intéresser l'exploitation : recherches, travaux anciens, travaux en cours, travaux projetés, parties exploitées, parties vierges, parties stériles, etc., de manière à constituer un dossier permettant à la Société de se tenir au courant de ce qui se passerait sur les lieux.

Il serait également utile d'organiser un service médical et l'on trouverait certainement sur place un médecin.

Dans chaque service il conviendrait d'avoir un surveillant européen qui tiendrait la comptabilité du service et surveillerait le lavage, et deux gardes au moins pour empêcher toute exploitation illicite.

Enfin, il faudrait avoir, en dehors des ouvriers du pays même, quelques ouvriers d'art, mécaniciens, forgerons, charpentiers, menuisiers. On pourrait probablement trouver la plupart de ces ouvriers au Brésil, à Bahia ou à Rio de Janeiro ; il faudrait cependant certainement, pour seconder l'ingénieur mécanicien, un contremaître mécanicien au moins venu d'Europe.

En résumé, le personnel complet comprendrait sur les lieux : un directeur technique, un ingénieur mécanicien, un caissier comptable, un contremaître mécanicien, un chef magasinier, cinq surveillants-comptables-magasiniers venus d'Europe, un inspecteur, cinq chefs de service, un géomètre et deux aides, un aide-comptable, cinq mécaniciens-forgerons, cinq charpentiers-menuisiers, dix gardes, trois cents ouvriers et un médecin recrutés sur place.

Il faudrait en outre organiser dans chaque service un magasin de vivres, vêtements, etc., de façon à permettre au personnel de s'approvisionner dans de bonnes conditions sur les lieux. Cette organisation nécessitera l'achat de mules, la construction de magasins, d'agences, d'écuries le long de la route, mais j'estime que tous les frais résultant du fonctionnement du service des magasins d'approvisionnement seraient largement couverts par les bénéfices de la vente et je n'en tiendrai compte que dans les frais de premier établissement.

Il faudrait enfin un agent à Bahia et un autre à la tête de ligne du chemin de fer pour l'expédition et la réexpédition du personnel, du matériel, des marchandises, etc.

Nous avons maintenant tous les éléments pour établir les dépenses annuelles. J'établirai ces dépenses dans l'hypothèse d'une production de 54.000 carats par an et en admettant 8 0/0 des produits comme primes destinées aux différents agents de l'activité desquels dépendra beaucoup la production. Cette participation (1) me paraît indispensable pour stimuler leur zèle et pour remplacer certains profits que les chefs d'exploitation sont accoutumés à avoir dans le pays.

Enfin, je prévois dans les dépenses une certaine somme pour les frais de voyage des agents européens.

Cela posé, voici le tableau des dépenses annuelles :

A. — Personnel.

1 Directeur. . . . . Fr.	40.000 »
1 Ingénieur mécanicien	20.000 »
1 Caissier comptable.	10.000 »
1 Chef magasinier.	8.000 »
1 Contremaître mécanicien.	10.000 »
5 Surveillants comptables magasiniers à 8.000 francs chacun	40.000 »
1 Inspecteur	20.000 »
5 Chefs de service à 15.000 francs chacun en moyenne.	75.000 »
5 Mécaniciens forgerons à 4.000 francs chacun.	20.000 »
5 Charpentiers menuisiers à 3.000 fr. chacun.	15.000 »
A reporter . . Fr.	258.000 »

(1) Une fois le principe de la participation admis, on pourra discuter sur le mode de répartition. Certains agents devront, à mon avis, être intéressés sur les produits bruts, d'autres, au contraire, sur les bénéfices. J'inscris dans mon tableau de dépenses 8 0/0 sur les produits bruts en bloc.

Report . . Fr.	258.000	»				
1 Géomètre et 2 aides.	12.000	»				
1 Aide-comptable.	4.000	»				
10 Gardes à 2.000 francs chacun . .	20.000	»				
300 Ouvriers à 3 francs par jour en moyenne, soit 900 francs par an pour 300 journées de travail . .	270.000	»				
1 Médecin	10.000	»				
1 Agent à Bahia et un autre à la tête de la ligne du chemin de fer . .	20.000	»				
Fr. ——————			591.000	»		
B. — Frais de voyage du personnel européen. Fr.	12.000	»				
C. — Primes : 8 0/0 sur 2.430.000 francs	194.400	»				
D. — Outils. Explosifs.	50.000	»				
E. — Amortissement des installations et des machines	125.000	»				
F. — Impôts et droits de douane.	120.000	»				
Total. . . . . Fr. ——————			1.093.400	»		
Ajoutons encore à cela 100.000 francs pour les imprévus . . . . Fr.			100.000	»		
et 130.000 francs pour les frais de l'Administration centrale, ce qui me paraît très large			130.000	»		
Nous arriverons à un Total général de . . . . Fr.			1.323.400	»		

La production de 54.000 carats ayant, aux cours actuels, une
valeur de 2.430.000 francs, il en résulterait un bénéfice net annuel de
1.100.000 francs.

Il est à peine utile de faire ressortir que pour peu que la production augmente, les frais généraux restant sensiblement les mêmes,
les bénéfices annuels augmenteraient considérablement. Ainsi, pour
fixer les idées, je dirai que si la production, au lieu d'être de 54.000 carats, atteignait 64.000 carats par an, les bénéfices, au lieu d'être de
1.100.000 francs, atteindraient un million et demi.

XI. — Capital espèces nécessaire.

Voyons maintenant quel serait les capital espèces nécessaire.

Je ne donnerai pas ici le détail des machines qu'il conviendrait d'acheter. J'estime, en effet, que sauf les outils indispensables au début et dont le prix n'atteint pas une somme élevée, le matériel doit faire l'objet d'une étude spéciale, que les commandes ne doivent être faites qu'au fur et à mesure des besoins et qu'en voulant improviser un matériel, on s'expose à acheter des appareils qui restent inutilisés dans la suite.

La seule recommandation générale que je désire faire ici au sujet du matériel, est de le composer de pièces ne pesant pas plus de 50 kilogrammes brut chacune, de façon à pouvoir expédier des colis de 60 kilogrammes net, dont deux feront une charge de mulet, et de ne commander en Europe que ce qui ne peut pas s'exécuter sur place.

Cela posé, j'évalue en bloc tout le matériel nécessaire rendu sur place et comprenant les outils, machines outils, machines à percer, tour, scie circulaire, etc., les pompes, les essieux montés pour wagonnets, les câbles, treuils, appareils de lavage, machines électriques, transmissions, etc., etc., à 500.000 francs. D'autre part, j'évalue à 300.000 francs les frais d'achat ou de construction des bâtiments, magasins et écuries nécessaires, l'achat des animaux et des marchandises destinées aux magasins.

On produira certainement un peu dans le début et l'on pourrait escompter cette production en vue de réduire au minimum le fonds de roulement ; quoi qu'il en soit, étant donnés les études et les travaux préparatoires à faire, les difficultés inhérentes à l'installation de toute exploitation nouvelle, et qu'il faudra vaincre, il me paraît convenable d'avoir devant soi comme fonds de roulement, l'équivalent de six mois de dépenses en pleine marche, soit 300.000 francs.

Il me semblerait bon, enfin, d'avoir en réserve une somme de 200.000 francs, par exemple, destinée à parer à une crise éventuelle d'ordre quelconque.

En résumé, j'estime que, pour mener à bien l'organisation et la mise en valeur des gisements que j'ai visités, sur les bases que j'ai développées dans mon rapport, il faut pouvoir disposer d'un capital espèces de 1.300.000 francs.

XII. — Résumé et conclusions.

En résumé, les propriétés et les concessions de Lençoes, Palmeiras, San-Antonio, Chique-Chique et Mar d'Hespañha, que j'ai visitées, sont parmi les plus réputées des Lavras Diamantinas ; elles constituent, dans leur ensemble, un riche et vaste champ d'exploitation dont la valeur est considérable, notamment à cause de l'existence du carbon.

Je suis convaincu que l'affaire bien menée donnera des résultats très satisfaisants.

H. BABINSKI

IMPRIMERIE CHAIX, RUE BERGÈRE, 20, PARIS. — 2249-1-97. — Encre Lorilleux

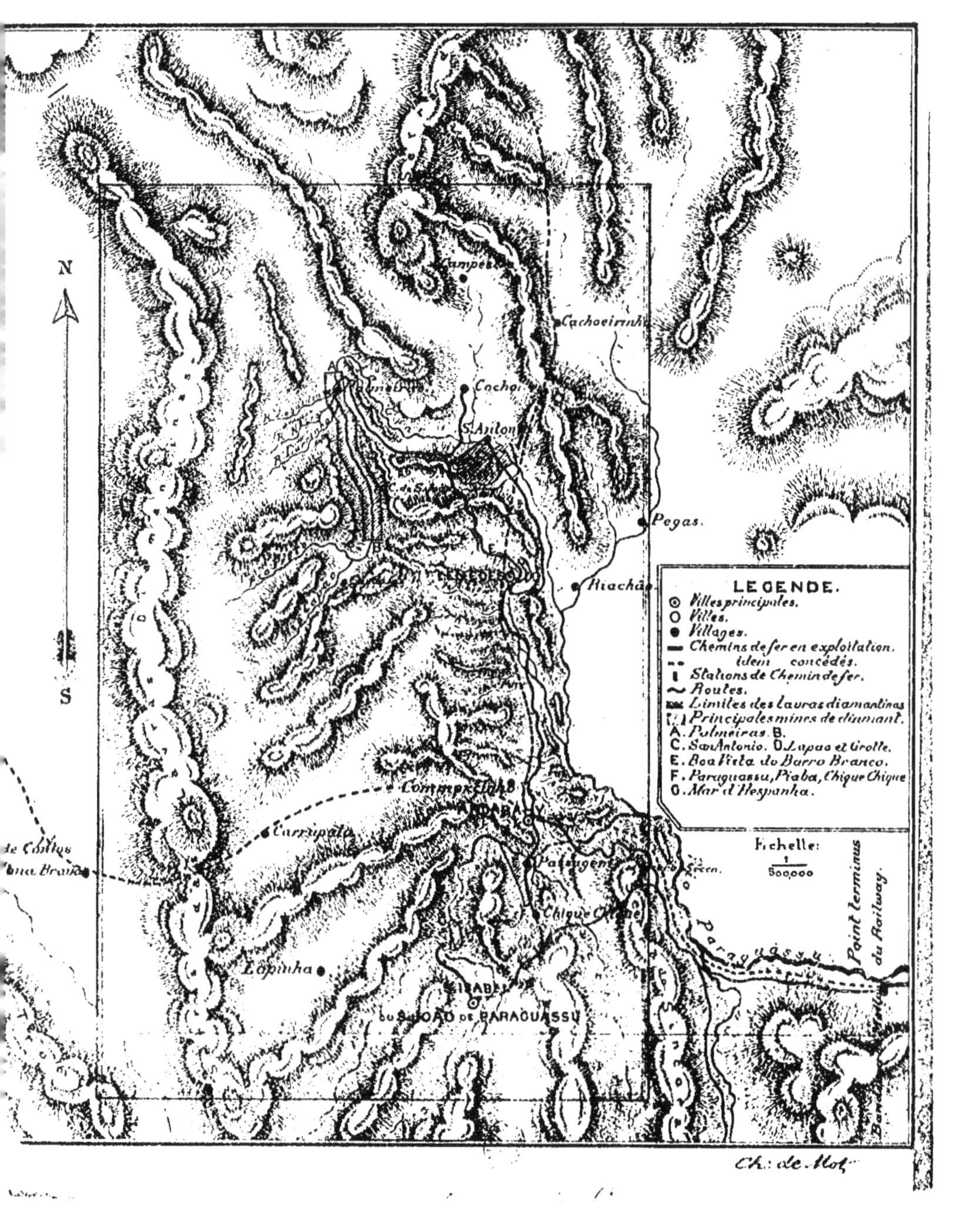

N
S
Campes
Cachoeirinh
Cachoe
S. Anton
Pegas.
Riachão
Lençoes
Commexilha
Carripate
Palageno
Chique Chique
Lopinha
ISAB
do S. JOÃO DE PARAGUASSU
Paraguassu
Point terminus du Railway
de Contas
ona Branco
Green.
LEGENDE.
Villes principales.
Villes.
Villages.
Chemins de fer en exploitation.
idem concédés.
Stations de Chemin de fer.
Routes.
Limites des lavras diamantinas
Principales mines de diamant.
A. Palmeiras. B.
C. San Antonio. D. Lapao et Grotte.
E. Boa Vista do Barro Branco.
F. Paraguassu, Piaba, Chique Chique
O. Mar d'Hespanha.
Echelle:
1
500,000
Ch. de Mot

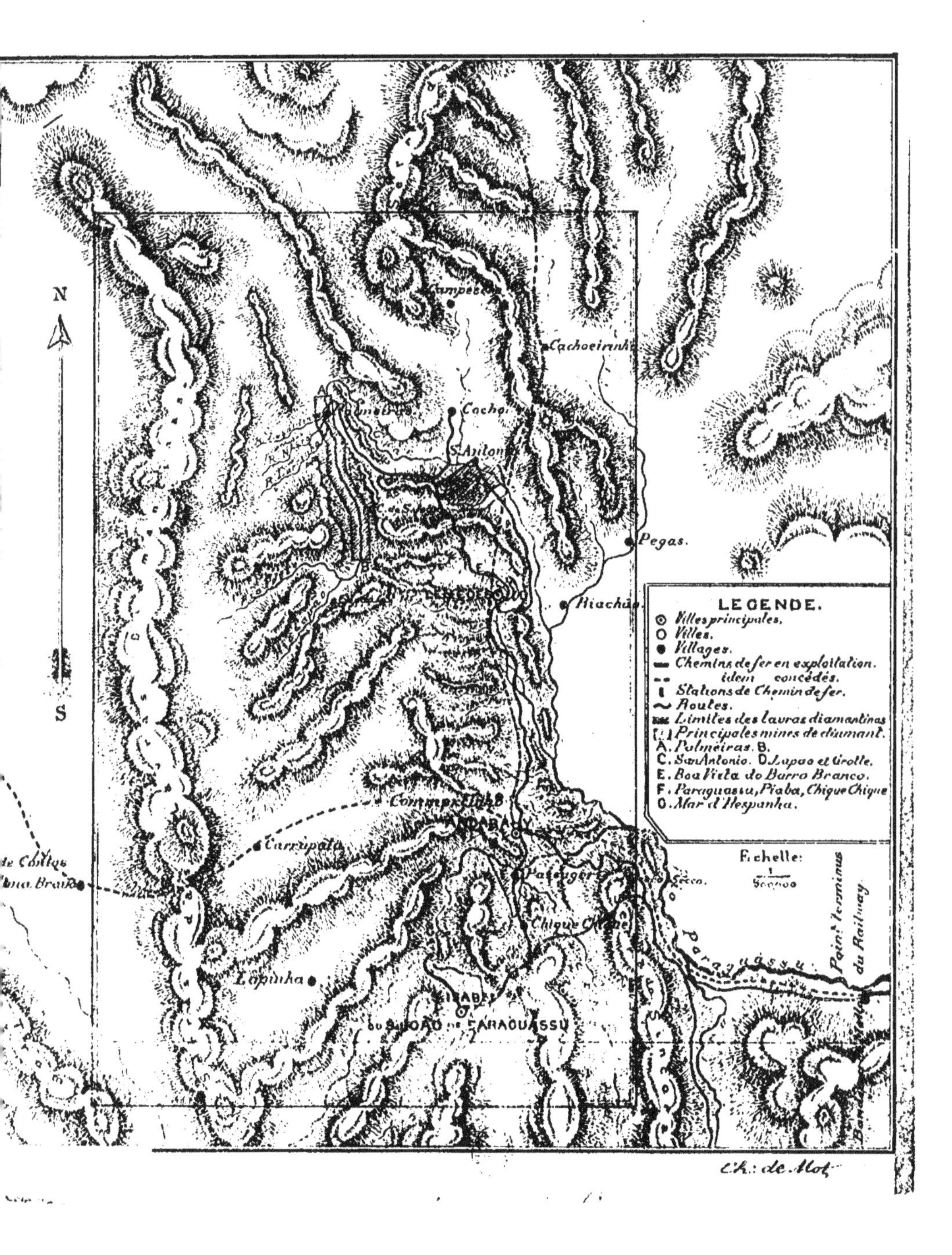

N
S
Campeco
Cachoeirinha
Cachœ
S. Anton
Pegas.
Riachão
Ceresdorou
Comprilhão
ANDARAY
Carrapato
Pataçên
Secco.
Chique C.
Lopinha
ABE
Lu. S. JOAO DE PARAGUASSU
Paraguassu
Point terminus du Railway
te Contes
na Braïde
LEGENDE.
⊙ Villes principales.
○ Villes.
● Villages.
━ Chemins de fer en exploitation.
-- idem concédés.
⌶ Stations de Chemin de fer.
∼ Routes.
▦ Limites des lavras diamantinas
[..] Principales mines de diamant.
A. Palmeiras. B.
C. San Antonio. D. Lupao et Grolle.
E. Boa Vista do Barro Branco.
F. Paraguassu, Piaba, Chique Chique
O. Mar d'Hespanha.
Echelle:
1
/ 500000
Ch: de Mot

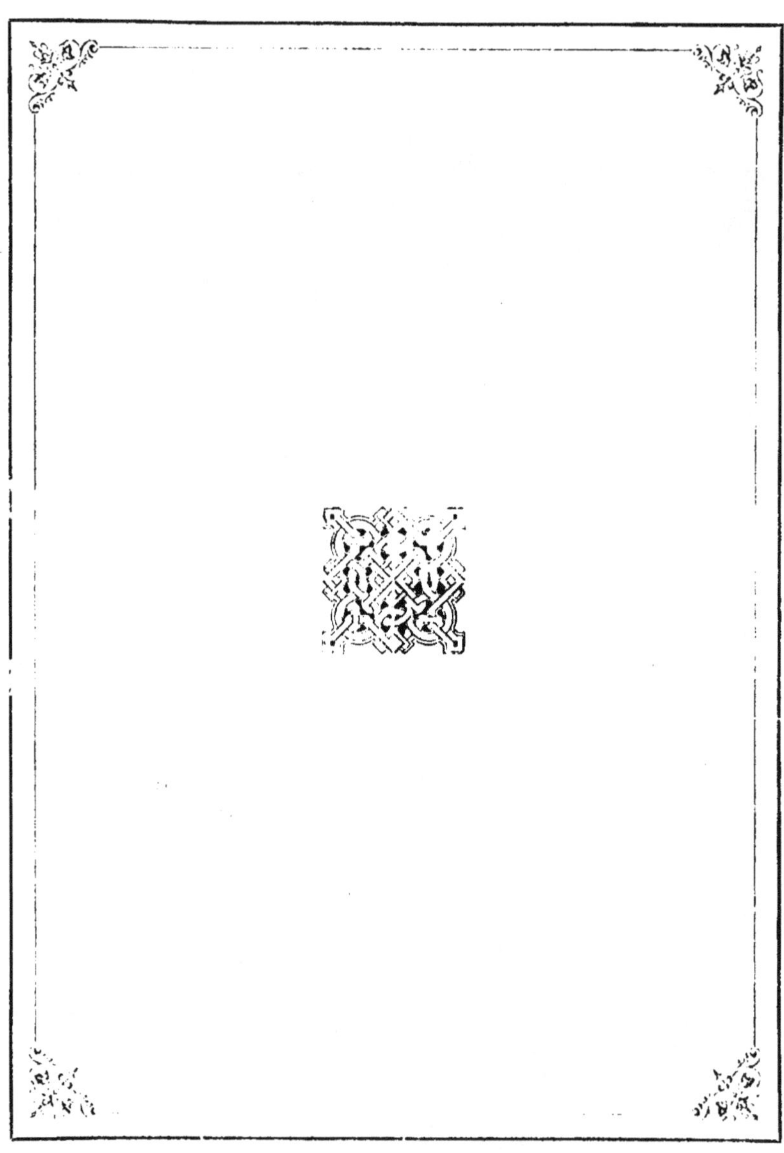